Escribir, Sanar, Superar:
Una Experiencia Transformadora de llevar un diario

Escribir, Sanar, Superar:
Una Experiencia Transformadora de llevar un diario

Escrito por Melissa B. Lombardo
Ilustraciones de Eduardo José Arias Cruz

Aviso de derechos de autor

Contacto

Para solicitudes de permisos, ventas por volumen, descuentos especiales, asistencia en producción y licencias, charlas y talleres, comuníquese con la autora a: info@melissablombardo.com

Datos de catalogación de la editorial en la publicación

Escribir, Sanar, Superar: Una Experiencia Transformadora de llevar un diario

Escrito por Melissa B. Lombardo. Primera edición en el idioma español

1. Autoayuda.
2. Transformación personal, abuso sexual.
3. Mujeres

Ilustraciones de Eduardo José Arias Cruz. *eduardoariascruz.com*

Retrato del autor por Alicia Ann Daw

Estilo por Jessica Dutton

Diseño de maquetación, portada y logotipo de Write, Heal, Thrive diseñados por Nikita Prokhorov. *nikitaprokhorov.com*

Traducción y Adaptación de Tania Ríos Montiel, Melissa B. Lombardo

Corrección del texto: Róger Martínez

Impreso en los Estados Unidos de América

Información de la editorial: Write, Heal, Thrive, West Hartford, CT.

ISBN: 979-8-9877587-7-9 (libro de bolsillo)

Nota del editor

La información presentada no debe servir como asesoramiento legal o médico. El autor no asume responsabilidad por las acciones o omisiones de las personas que hayan leído, escrito o utilizado los materiales contenidos en esta publicación. Ninguna persona tendrá derecho a reclamar por el contenido de las obras, la información o las estadísticas proporcionadas, ni por las opiniones expresadas en esta publicación. El autor y el editor no son responsables de los sitios web externos ni de su contenido.

Este trabajo publicado está diseñado para brindar información sobre el tema. Se vende con el entendimiento de que ni el editor ni el autor brindan servicios psicológicos, legales o de otro tipo. Ni el editor ni el autor son responsables de ninguna acción o resultado acumulado de este libro, revista o pieza de interpretación. Si necesita asistencia experta, incluido asesoramiento, busque el consejo de un profesional. Se recomienda a los lectores que hagan su propia diligencia debida a la hora de tomar decisiones.

Otras obras de Melissa B. Lombardo

El Dolor, la Sanación y la Esperanza: Cómo superar más allá de la agresión sexual (Hurt, Healing, and Hope: Thriving beyond Sexual Assault); un libro dinámico y una pieza de teatro en 3 actos que ofrece una colección de monólogos entrelazados que detallan historias reales de dolor y sanación después de una agresión sexual, abuso infantil, violencia doméstica y sus secuelas al 100%.

"Espero que compartir experiencias individuales y mostrar sus similitudes y diferencias inspire a otras personas que enfrentan el trauma de la agresión sexual a creer que puede haber sanación y esperanza después del dolor que cambia la vida, y que el viaje de cada uno es propio. Mi impulso para escribir está inspirado por un deseo cada vez mayor de ayudar a los demás, de iluminar el camino hacia lo que es posible y verdaderamente al alcance. Atribuyo a la escritura el ser una de las razones por las que pude sanar. Fundé "Write, Heal, Thrive" basada en la inspiración de que escribir se convirtió en una forma de sanar para mí, y a través de la sanación, pasé de la esperanza a la superación y bienestar, algo que sigo haciendo todos los días"

-Melissa B. Lombardo, autora, oradora y defensora

CONTENIDO

Dedicatoria

A los innumerables diarios en los que he escrito y a quienes me los regalaron.

A cada uno de ustedes que escriben en este espacio sagrado.

Introducción

Llevar un diario puede ser terapéutico para la sanación interior. Procesar a través de un diario y escribirlo puede ayudar a superar el estrés, la ansiedad y otras emociones abrumadoras. Me encanta que llevar un diario no tenga reglas. Puedo escribir sobre lo que quiera...bueno, malo o feo; no temo que me juzguen por mi autoexpresión.

Llevo un diario desde que tenía 12 años y sigo haciéndolo hoy. En los meses y años posteriores al trauma de la agresión sexual, escribir un diario adquirió un nuevo significado como parte integral de mi proceso de sanación. Mi entonces consejero en el centro de crisis de agresión sexual local me instó a escribir mis sentimientos usando indicaciones para escribir y dibujando mis emociones. Escribir un diario me dio la oportunidad de escribir libremente y organizar mis pensamientos sobre la agresión de una manera que tuviera sentido para mí. A medida que pasó el tiempo, me sentí empoderada para recuperar mi narrativa. Mi viaje personal a través del trauma se desarrolló a través de la escritura. Mi diario se convirtió en un espacio seguro que fomentó la curación mientras exploraba muchas emociones y reacciones ante uno de los momentos más difíciles de mi vida.

Muchos años después, esas entradas del diario formaron la base de lo que se convirtió en una colección de monólogos entrelazados publicados como un libro y una pieza teatral titulada "Hurt, Healing, and Hope: Thriving beyond Sexual Assault" (El Dolor, la Sanación y la Esperanza: Cómo superar más allá de la agresión sexual). En ese momento, nunca podría haber imaginado cómo llevar un diario de los eventos de mi pasado me ayudaría a abrirme a una mayor curación, recuperar mi salud física y encontrar mi voz auténtica.

Espero que el libro y este diario puedan guiarte para lograr una curación adicional de tu propia experiencia traumática. Elogio tu coraje en los pasos que estás dando y te deseo lo mejor en tu viaje.

En la escritura y la curación,

Cómo usar este diario

Puedes usar las siguientes páginas rayadas para registrar tus pensamientos mientras obtienes inspiración de los suaves recordatorios de autocuidado y las indicaciones para escribir que se encuentran dispersas a lo largo del libro.

Es agradable que nos recuerden nuestro valor. Los suaves recordatorios están dispersados por el diario para brindarte un breve consejo, inspiración, motivación e introspección.

Las indicaciones para escribir se encuentran al principio de la sección del diario para inspirarte a comenzar. Es posible que desees elegir una indicación para escribir un día y luego escribir libremente otro día. La elección es tuya.

Debido a la sensibilidad de este tema, pueden surgir emociones antes, durante y después de escribir en el diario, y es posible que no estés seguro de cómo manejarlas. Buscar apoyo puede ayudar. Puedes elegir una persona de confianza con quien hablar o puedes comunicarse con su Centro de Crisis local disponible las 24 horas para recibir asistencia inmediata. Siempre hay ayuda disponible. Le recomiendo que se comunique con otras personas si siente que necesita apoyo adicional.

Diario

Date__________

¿Cómo te sientes hoy, en este momento?

Diario *(Continúa el diario)* Fecha__________

Diario *(Continúa el diario)* Fecha__________

Escribe una carta de aliento a tu cuerpo.

Diario *(Continúa el diario)* Fecha__________

Diario *(Continúa el diario)* Fecha____________

Escribe sobre la importancia que le das al mundo y a quienes te rodean.

Diario *(Continúa el diario)* Fecha__________

Diario *(Continúa el diario)* Fecha__________

Escribe sobre las formas en las que puedes nutrirte: mente, cuerpo y alma.

Diario *(Continúa el diario)* Fecha________

Diario *(Continúa el diario)* Fecha__________

Hoy agradezco por...

Diario *(Continúa el diario)* Fecha__________

Diario *(Continúa el diario)* Fecha__________

Describe lo que te da una sensación de seguridad y protección.

Diario *(Continúa el diario)*

Fecha__________

Diario *(Continúa el diario)* Fecha__________

Escribe sobre cómo quieres empezar a sentirte.

Diario *(Continúa el diario)* Fecha__________

Diario *(Continúa el diario)* Fecha___________

Crea afirmaciones curativas positivas para repetirte a ti mismo en momentos difíciles.

Diario *(Continúa el diario)*

Fecha_________

Diario *(Continúa el diario)* Fecha___________

Sé amable contigo mismo.

Escribe tu historia, incluso si es solo para ti.

Diario *(Continúa el diario)* Fecha__________

Tu historia importa, tú importas.

Diario *(Continúa el diario)* Fecha__________

El autocuidado es importante para ayudar en la sanación.

Diario *(Continúa el diario)* Fecha__________

Escribe con tu corazón.

Diario *(Continúa el diario)* Fecha__________

Escribe desde tu corazón.

Diario *(Continúa el diario)* Fecha__________

Escribir requiere valor.

Diario *(Continúa el diario)*

Fecha__________

Escribir es expresarse.

Fecha__________

Escribir es una forma de apropiarte de ti mismo.

Diario *(Continúa el diario)* Fecha__________

Recuerda descansar.

Diario *(Continúa el diario)* Fecha__________

La vida y la sanación no son lineales.

Diario *(Continúa el diario)* Fecha__________

Tu mensaje es importante.

Diario *(Continúa el diario)* Fecha__________

Tus sentimientos son válidos.

Diario *(Continúa el diario)* Fecha__________

Hay fuerza en tu historia.

Fecha____________

Cuida de ti mismo.

Diario *(Continúa el diario)* Fecha__________

Escribir es una de las muchas maneras sanar.

Diario *(Continúa el diario)* Fecha__________

> La sanación es posible.

Diario *(Continúa el diario)*

Fecha__________

Cada viaje es único.

Perdónate a ti mismo.

Diario *(Continúa el diario)* Fecha__________

Esta experiencia no te define.

Diario *(Continúa el diario)* Fecha__________

Tu historia necesita ser compartida.

Fecha__________

Que encuentres tu propio camino.

Fecha__________

Eres una sobreviviente.

Diario *(Continúa el diario)* Fecha__________

Estás aquí.

Diario *(Continúa el diario)* Fecha_____________

Eres valiente.

Diario *(Continúa el diario)* Fecha__________

Tu verdad es solo tuya.

Diario *(Continúa el diario)* Fecha__________

Acepta donde estás en este momento.

Fecha__________

Mantén un espacio seguro para tus sentimientos.

Diario *(Continúa el diario)* Fecha___________

Da pasos pequeños, pasos de bebé.

Diario *(Continúa el diario)* Fecha__________

Un pensamiento a la vez.

Diario *(Continúa el diario)* Fecha___________

Eres capaz de mucho.

Diario *(Continúa el diario)* Fecha__________

Tu trauma no te define.

Diario *(Continúa el diario)* Fecha__________

Tu pasado no te define.

Diario *(Continúa el diario)* Fecha__________

Solo escribe no te preocupes por editar.

Diario *(Continúa el diario)* Fecha___________

Identifica a los aliados de tu sistema de apoyo.

Diario *(Continúa el diario)*   Fecha__________

Se amable contigo.

 Fecha___________

Tómate un descanso y conéctate con la naturaleza.

Diario *(Continúa el diario)* Fecha__________

Observa tus sentimientos.

Diario *(Continúa el diario)* Fecha___________

La sanación lleva tiempo.

Diario *(Continúa el diario)* Fecha__________

La sanación es diferente para todos.

Diario *(Continúa el diario)* Fecha__________

Este es tu viaje.

Fecha__________

Tu vida importa.

 Fecha___________

Deja que este sea tu momento para procesar.

Diario *(Continúa el diario)* Fecha__________

Estas aquí...en este momento, en tu cuerpo, en este mundo.

Diario *(Continúa el diario)* Fecha___________

Has avanzado mucho.

Diario *(Continúa el diario)* Fecha__________

Eres especial.

Diario *(Continúa el diario)* Fecha__________

Toma descansos cuando sea necesario.

Diario *(Continúa el diario)* Fecha__________

> Escribir y reflexionar son excelentes maneras de procesar y sanar.

Diario *(Continúa el diario)* Fecha__________

La agresión sexual nunca es tu culpa.

Diario *(Continúa el diario)* Fecha__________

Hay esperanza para tu futuro.

Diario *(Continúa el diario)* Fecha___________

Inhala, exhala.

Fecha__________

Haces del mundo un lugar mejor al estar en ello.

Diario *(Continúa el diario)* Fecha__________

Algún día tu sanación ayudará a otros a sanar.

Fecha__________

Tu historia puede inspirar a otros.

Diario *(Continúa el diario)* Fecha__________

No hay un cronograma para sanar.

Fecha__________

Todos los viajes consisten en dar pequeños pasos.

Diario *(Continúa el diario)* Fecha__________

Sanar requiere valor.

Diario *(Continúa el diario)* Fecha__________

Tu voz importa.

Diario *(Continúa el diario)* Fecha__________

Reclama tu voz.

Diario *(Continúa el diario)* Fecha__________

Recuerda tener momentos de atención plena e intencional a lo largo del día.

Detente y admira lo largo que has llegado.

Diario *(Continúa el diario)* Fecha__________

El futuro aún no está escrito.

Diario *(Continúa el diario)* Fecha__________

Tu historia representa esperanza.

Fecha__________

Tu historia es inspiradora.

Diario *(Continúa el diario)*

Fecha__________

Tienes poder dentro de ti.

Fecha__________

**Tienes un potencial sin límites.
¡Tú puedes con esto!**

Dibujo

Las expresiones artísticas como dibujar, pintar e incluso hacer garabatos pueden convertirse en herramientas poderosas que no solo ayudan a reducir el estrés y la ansiedad, sino que también son parte de la curación. Se ha descubierto que dibujar es mentalmente estimulante al abrir el cerebro a una mayor actividad creativa. Dibujar y hacer garabatos desempeñan un papel importante como técnicas de conexión a tierra. Utiliza las siguientes páginas y las sugerencias para dibujar cualquier cosa que desees y lograr una mayor autorreflexión. También puedes crear tus propias indicaciones o simplemente dibujar lo que te resulte natural en este momento.

Dibujo *(Continuación)* Fecha__________

Dibuja cómo te sientes ahora mismo y agrega la fecha de hoy.

Dibujo *(Continuación)* Fecha__________

Documenta una experiencia alegre que hayas tenido.

Dibujo *(Continuación)* Fecha___________

Haz un dibujo libre con crayones porque debemos sentirnos libres en nuestras vidas para colorear, crear y ser seres imperfectos.

Dibujo *(Continuación)* Fecha__________

Dibuja uno de los temas sugeridos que se encuentran en la sección del diario.

Dibujo *(Continuación)* Fecha___________

Elige y dibuja un recordatorio amable de cuidado personal.

Dibujo *(Continuación)* Fecha__________

Dibuja o haz garabatos sobre aquello por lo que estás agradecido.

Dibujo *(Continuación)* Fecha__________

Dibujo *(Continuación)* Fecha________

Dibujo *(Continuación)* Fecha________

Dibujo *(Continuación)* Fecha__________

Dibujo *(Continuación)* Fecha________

Fecha__________

Cierre

Has llegado al final de este diario, pero no al final de tu curación. Si encuentras que escribir en un diario y dibujar te resulta útil, continúa haciéndolo con regularidad. A medida que continúas el proceso, es posible que surjan desencadenantes. Sé paciente contigo mismo: la curación lleva tiempo y nunca es lineal. Ten un plan de seguridad para esos momentos en los que puedas necesitar un procesamiento adicional en forma de un amigo de confianza, una taza de té, un paseo por la naturaleza o respirar aire fresco.

Quizás a través de la escritura o el dibujo hayas encontrado una sabiduría que no sabias que tenias, reflexionado un poco más profundamente, llegado a nuevas perspectivas y caminos adicionales hacia la curación. Cada paso es importante. Recuerda hacer una pausa, respirar y seguir adelante.

Te felicito por todo tu arduo trabajo a medida que avanzas hacia la siguiente parte de tu viaje.

Para cerrar, te dejo con una última indicación para tu próxima serie de diarios "Escribir, Sanar, Superar":

- Describe lo que puedes hacer hoy o en el futuro cercano para continuar tu viaje de curación.

En la sanación y la prosperidad,

Recursos adicionales

La Red Nacional contra la Violación, el Abuso y el Incesto (R.A.I.N.N. por sus siglas en inglés) opera una línea directa nacional confidencial contra la agresión sexual en los Estados Unidos de América. Puedes llamar las 24 horas del día: 1-800-656-HOPE.

A continuación, se incluyen recursos adicionales para obtener asistencia inmediata. 988 Suicide and Crisis Lifeline: *988lifeline.org*

Centro Nacional para Víctimas del Crimen: *victimsofcrime.org*

Línea directa nacional contra la violencia doméstica: *www.thehotline.org*

Línea de ayuda nacional contra el abuso en el noviazgo entre adolescentes: *loveisrespect.org*

Red Nacional contra la Violación, el Abuso y el Incesto (R.A.I.N.N. por sus siglas en inglés) *rainn.org/resources*

El Proyecto Trevor: Información y apoyo para la comunidad LGTBQ+: *thetrevorproject.org/*

Más información

Sería genial seguir conectándonos a través de las redes sociales; Facebook, Instagram y mi sitio web: www.melissablombardo.com

También puedes utilizar los hashtags **#hurthealinghopebook** y **#writehealthrive**. Comunicate conmigo para apariciones en los medios, talleres, hablar en tus eventos, ayudar en una presentación en vivo o una charlacomo autora de Hurt, Healing, and Hope: Thriving beyond Sexual Assault en su escuela o comunidad, o suscribiéndose a mi lista de correo electrónico.

Obtenga más información en: writehealthrive.com.

Facebook: /Melissablombardoauthor

Instagram /Melissablombardoauthor

YouTube: /@MelissaBLombardoAuthor

Goodreads: goodreads.com/MelissaBLombardoauthor

Etsy: etsy.com/shop/WriteHealThrive

Agradecimientos

Sigo escribiendo, sanando y superando gracias al apoyo y el aliento que me brindan mi familia y mis amigos, incluidos mis padres Janice y Peter, mis hermanos Michelle y Peter, Guayo; cuyo "título" va más allá de todo lo que puedo expresar con palabras, mi hijo Andrés, mi cuñada Megan, mi familia estadounidense y nicaragüense. Aprecio a muchos amigos y compañeros de trabajo que son parte de mi familia extendida y contribuyeron de alguna manera al libro que tienes en tus manos: Nikita, una amiga de toda la vida y extraordinaria experta en diseño editorial, Leigh, Vanessa, Alison, Debbie, Alex, Becky, Katie, Erica, Jenny, Brian, dos Jessicas diferentes, Maureen, Karianna, Peter, Kevin, Sobeyda, Tina, Nicole, Kate Morgan, Melissa Anne, Randall, Ernesto, José, M.R., algunos Joes diferentes y un Mike; ustedes saben quiénes son, Ana Paula, Cesar, Tania, Adam, Diana, Christine, Dan, Julie, Dennis, Marian y Jason.

Bernard Kavaler ha sido especialmente instrumental en el apoyo publicitario y la asesoria de medios. Sigo recibiendo un apoyo constante y valioso de Dorothy Holtermann, Clementina Esposito, el grupo de escritores Birth a Book, The CT Alliance of Foster and Adoptive Families, The Green Teahouse y el Servicio de Crisis de Agresión Sexual de YWCA New Britain.

Estoy agradecida y me siento honrada por "Jim" y otras personas como él que se cruzaron en mi camino por un momento. Me recuerdan por qué estoy haciendo el trabajo que estoy haciendo y me dan la fuerza para continuarlo. Si estás leyendo esto y piensas que puedes ser tú... ¡Sí, lo eres! Me siento honrada de que hayamos tenido la oportunidad de conocernos.

Conócenos

Crédito de la foto: Alicia Ann Daw
Estilista: Jessica Dutton

Melissa Lombardo

Melissa B. Lombardo es defensora certificada por el estado de Connecticut en crisis por agresión sexual, oradora y fundadora de Write, Heal, Thrive LLC. Su primer libro, “Hurt, Healing, and Hope: Thriving beyond Sexual Assault” (El Dolor, la Sanación y la Esperanza: cómo superar más allá de la agresión sexual), es un libro y una pieza de teatral en 3 actos que ofrece una colección de monólogos entrelazados que detallan historias reales de dolor y sanación posteriores a una agresión sexual, abuso infantil, violencia doméstica y las secuelas. Cada historia, narrada en primera persona, incluye las perspectivas de aliados en el proceso de sanación que brindan apoyo a las personas sobrevivientes. Para más información, visita **melissablombardo.com**.

Crédito de la foto: Eduardo José Arias Cruz

Eduardo José Arias Cruz

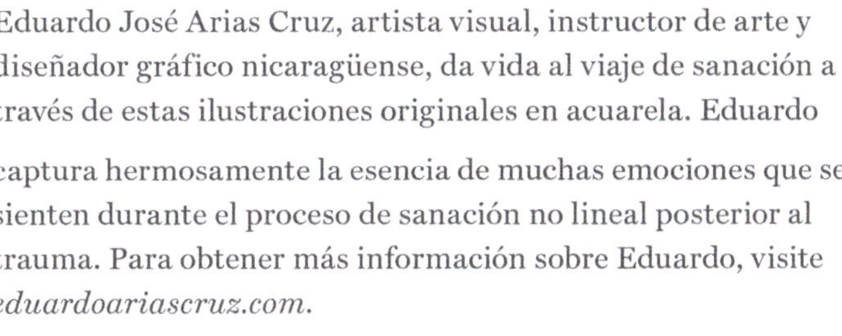

Eduardo José Arias Cruz, artista visual, instructor de arte y diseñador gráfico nicaragüense, da vida al viaje de sanación a través de estas ilustraciones originales en acuarela. Eduardo

captura hermosamente la esencia de muchas emociones que se sienten durante el proceso de sanación no lineal posterior al trauma. Para obtener más información sobre Eduardo, visite *eduardoariascruz.com*.

ngramcontent.com/pod-product-compliance
ing Source LLC
ersburg PA
051632120626
CB00014B/2049